Let's Celebrate Christmas together!

Guest _____

_____

Contact _____

_____

Guest _____

_____

Contact _____

_____

Messages

Messages

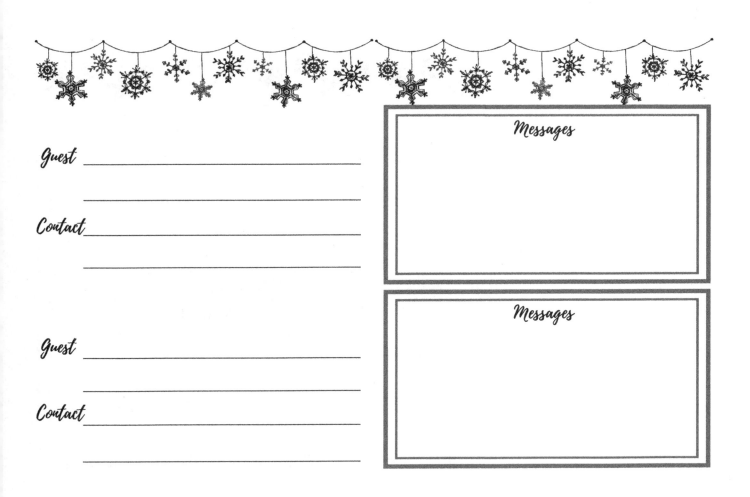

Guest _____

_____

Contact _____

_____

Guest _____

_____

Contact _____

_____

Messages

Messages

Guest _____

_____

Contact_____

_____

Guest _____

_____

Contact_____

_____

Messages

Messages

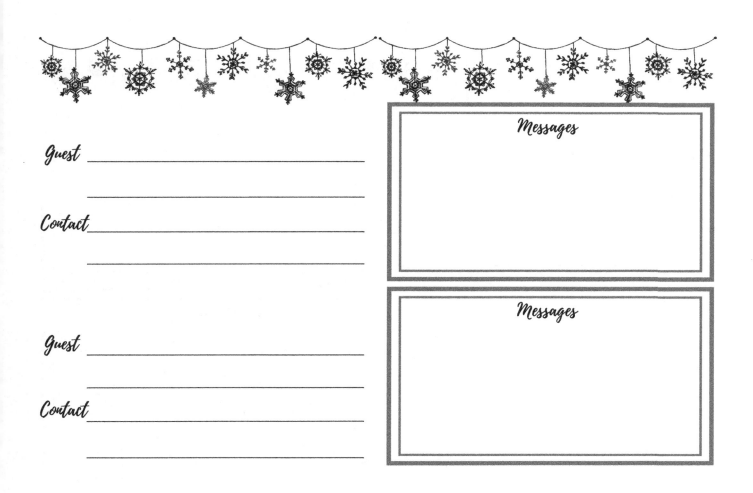

Guest _____

_____

Contact _____

_____

Guest _____

_____

Contact _____

_____

Messages

Messages

Guest _____

_____

Contact _____

_____

Guest _____

_____

Contact _____

_____

Messages

Messages

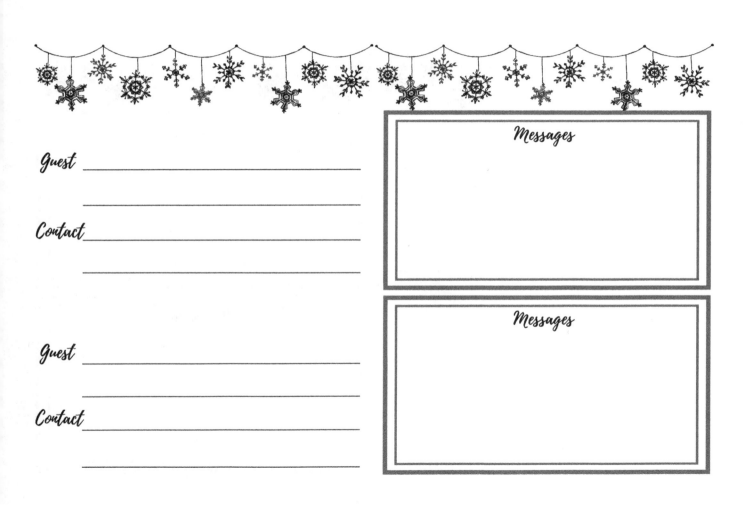

Guest _____

_____

Contact _____

_____

Guest _____

_____

Contact _____

_____

Messages

Messages

Guest _____

_____

Contact_____

_____

Guest _____

_____

Contact_____

_____

Messages

Messages

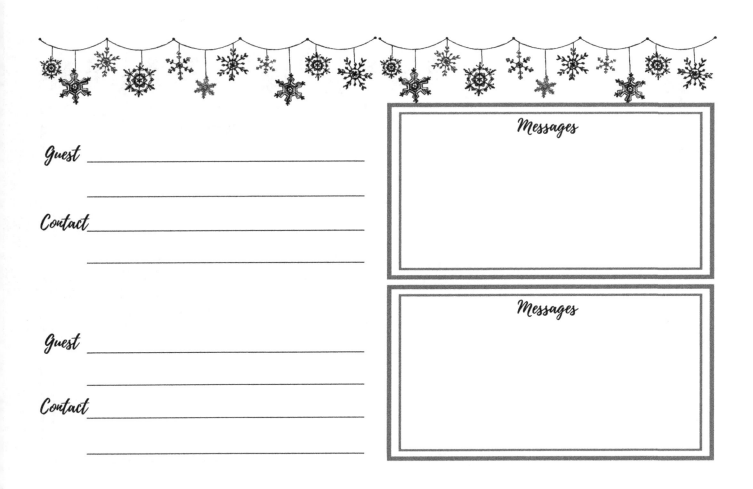

Guest _____

_____

Contact _____

_____

Guest _____

_____

Contact _____

_____

Messages

Messages

Guest _____

_____

Contact _____

_____

Guest _____

_____

Contact _____

_____

Messages

Messages

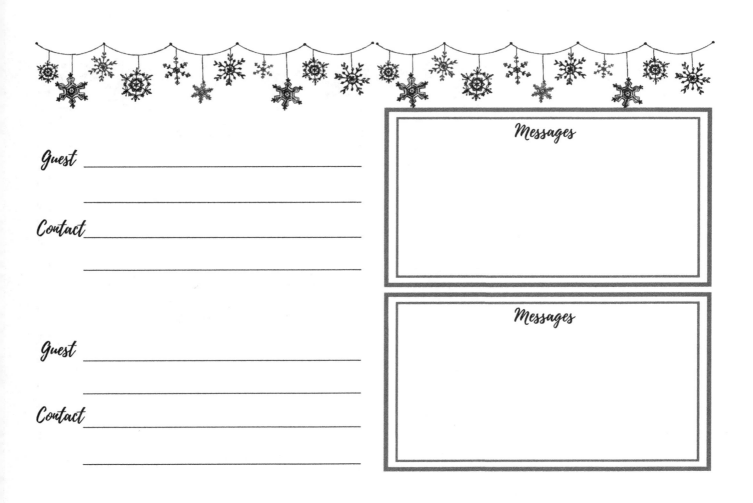

Guest _____

_____

Contact _____

_____

Guest _____

_____

Contact _____

_____

Messages

Messages

Guest _____

_____

Contact_____

_____

Guest _____

_____

Contact_____

_____

Messages

Messages

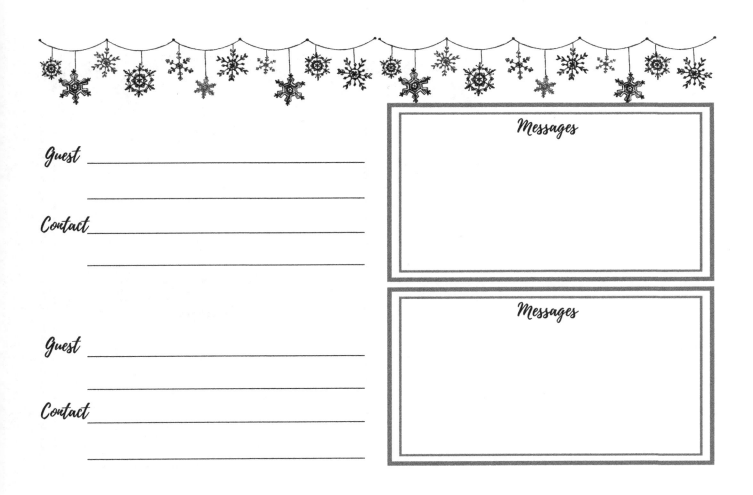

Guest _____

_____

Contact _____

_____

Messages

Guest _____

_____

Contact _____

_____

Messages

Guest _____

_____

Contact _____

_____

Guest _____

_____

Contact _____

_____

Messages

Messages

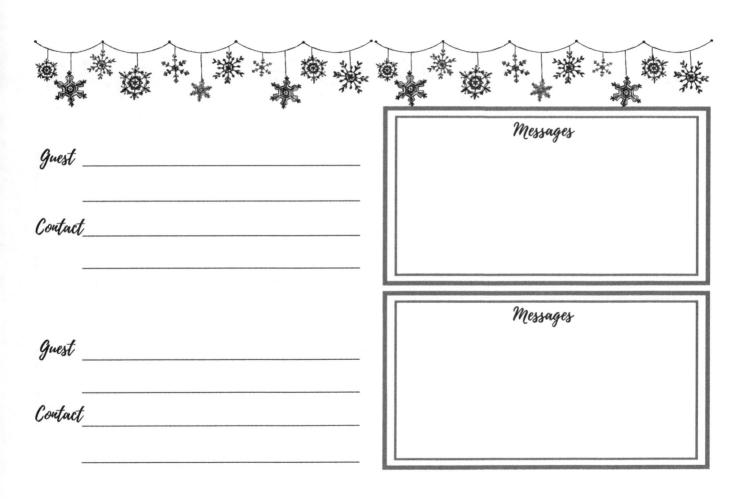

Guest _____

_____

Contact _____

_____

Guest _____

_____

Contact _____

_____

Messages

Messages

Guest _____

_____

Contact _____

_____

Guest _____

_____

Contact _____

_____

Messages

Messages

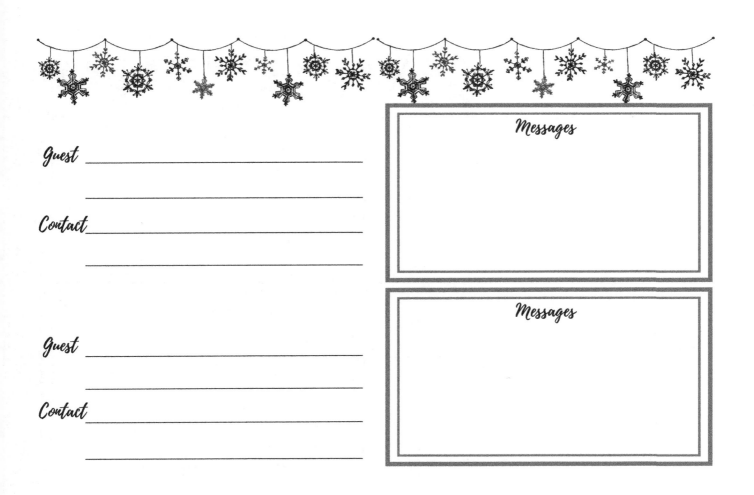

Guest _____

_____

Contact _____

_____

Guest _____

_____

Contact _____

_____

Messages

Messages

Guest _____

_____

Contact _____

_____

Guest _____

_____

Contact _____

_____

Messages

Messages

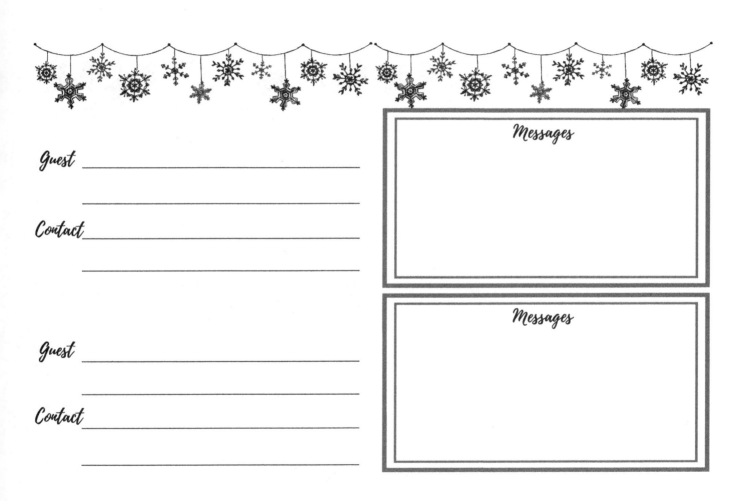

Guest _____

_____

Contact _____

_____

Guest _____

_____

Contact _____

_____

Messages

Messages

Guest _____

_____

Contact_____

_____

Guest _____

_____

Contact_____

_____

Messages

Messages

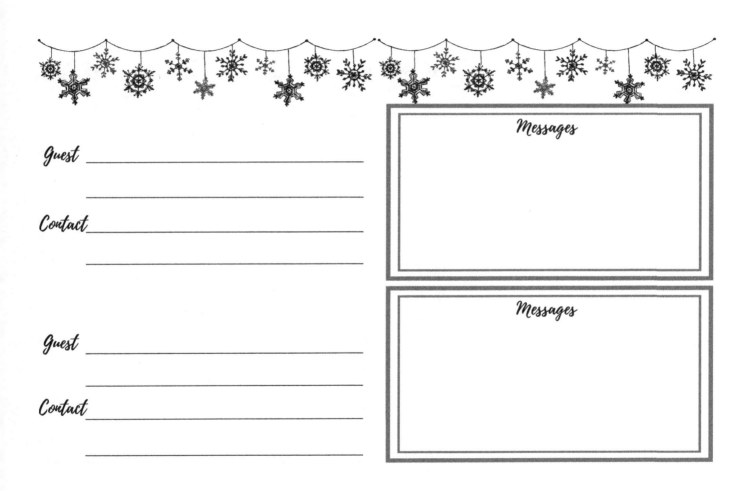

Guest _____

_____

Contact _____

_____

Guest _____

_____

Contact _____

_____

Messages

Messages

Guest _____

_____

Contact _____

_____

Guest _____

_____

Contact _____

_____

Messages

Messages

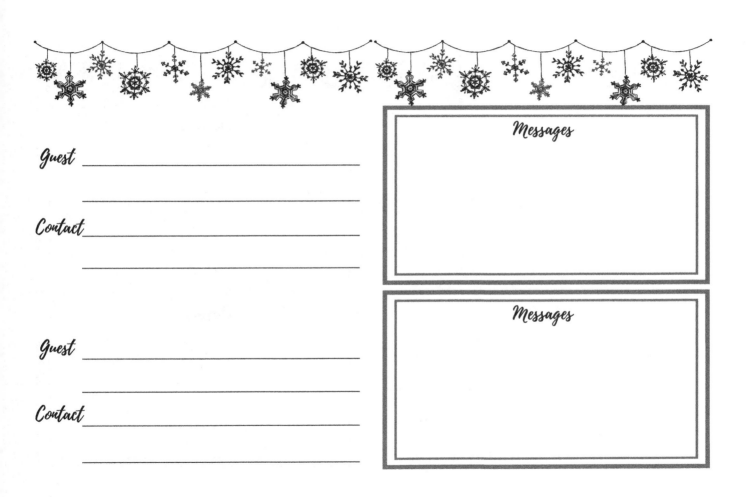

Guest _____

_____

Contact _____

_____

Guest _____

_____

Contact _____

_____

Messages

Messages

Guest _____

_____

Contact _____

_____

Guest _____

_____

Contact _____

_____

Messages

Messages

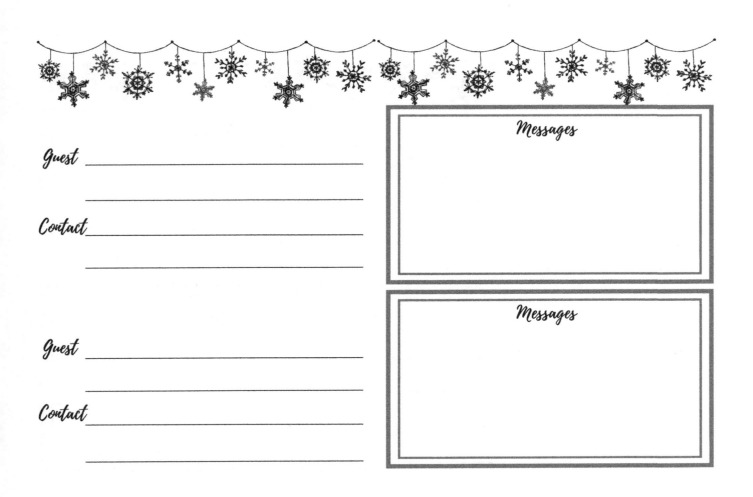

Guest _____

_____

Contact_____

_____

Guest _____

_____

Contact_____

_____

Messages

Messages

Guest _____

_____

Contact _____

_____

Messages

Guest _____

_____

Contact _____

_____

Messages

Guest _____

_____

Contact _____

_____

Guest _____

_____

Contact _____

_____

Messages

Messages

Guest _____

_____

Contact _____

_____

Guest _____

_____

Contact _____

_____

Messages

Messages

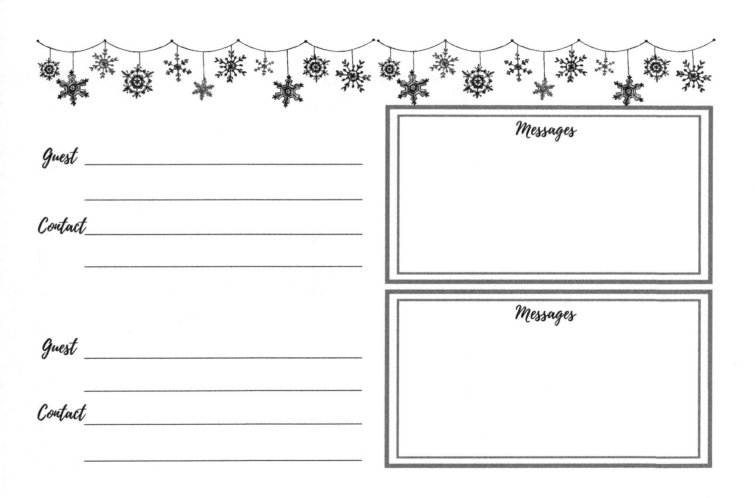

Guest _____

_____

Contact _____

_____

Guest _____

_____

Contact _____

_____

Messages

Messages

Guest _____

_____

Contact _____

_____

Guest _____

_____

Contact _____

_____

Messages

Messages

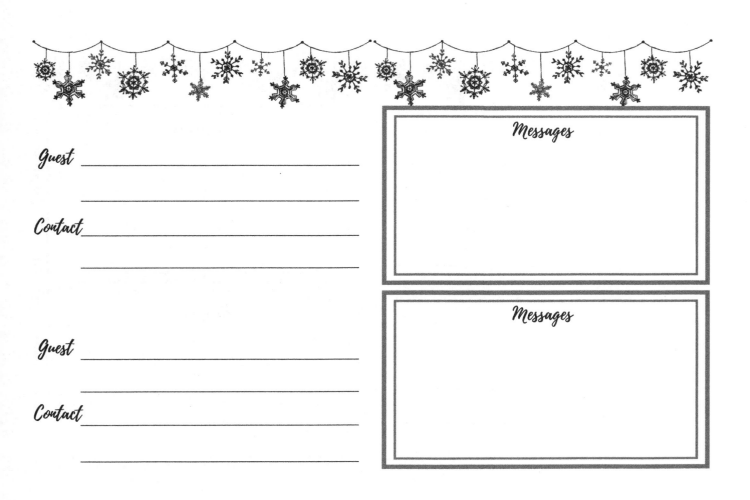

Guest _____

_____

Contact _____

_____

Guest _____

_____

Contact _____

_____

Messages

Messages

Guest _____

_____

Contact_____

_____

Guest _____

_____

Contact_____

_____

Messages

Messages

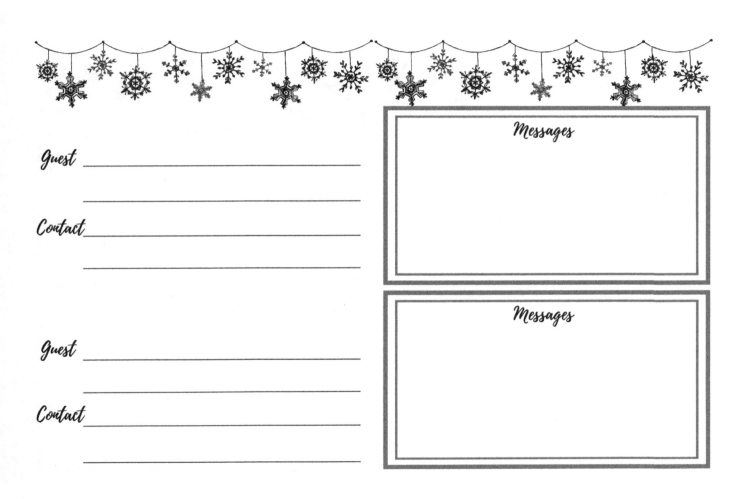

Guest _____

_____

Contact _____

_____

Guest _____

_____

Contact _____

_____

Messages

Messages

Guest _____

_____

Contact_____

_____

Guest _____

_____

Contact_____

_____

Messages

Messages

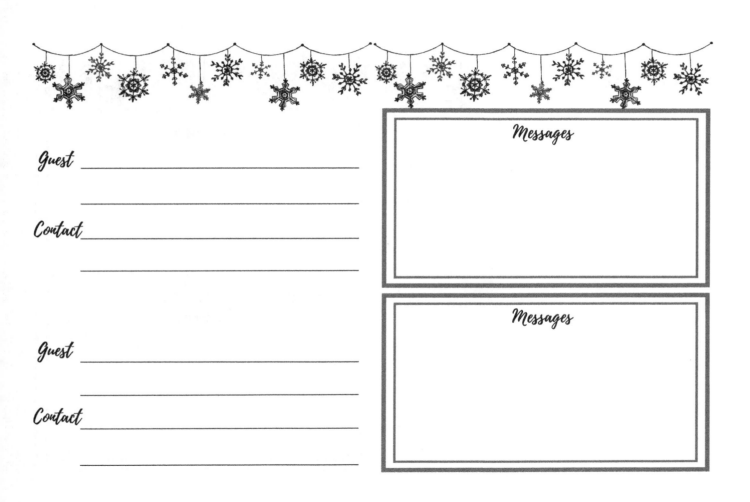

Guest _____

_____

Contact_____

_____

Guest _____

_____

Contact_____

_____

Messages

Messages

Guest _____

_____

Contact_____

_____

Guest _____

_____

Contact_____

_____

Messages

Messages

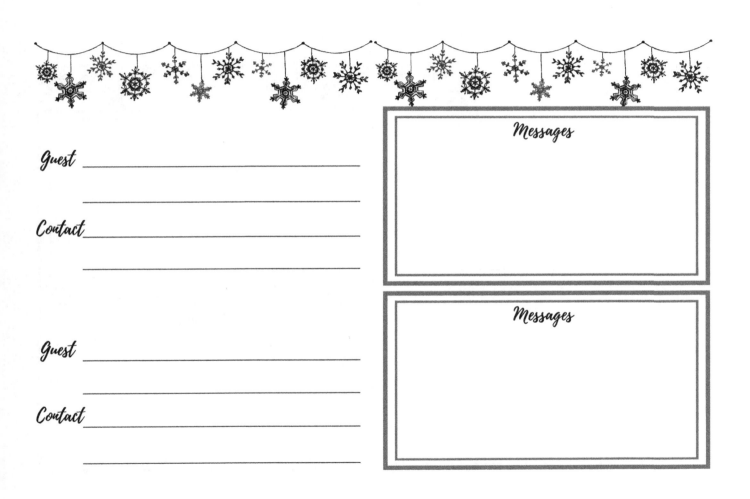

Guest _____

_____

Contact_____

_____

Messages

Guest _____

_____

Contact_____

_____

Messages

Guest _____

_____

Contact_____

_____

Guest _____

_____

Contact_____

_____

Messages

Messages

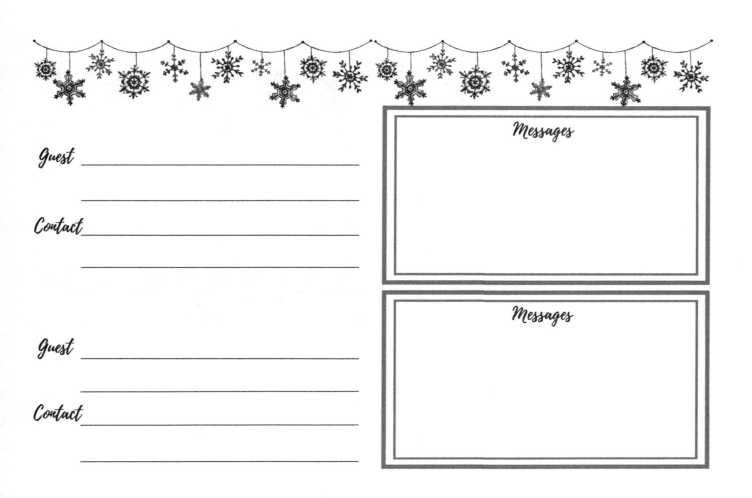

Guest _____

_____

Contact _____

_____

Guest _____

_____

Contact _____

_____

Messages

Messages

Guest _____

_____

Contact_____

_____

Guest _____

_____

Contact_____

_____

Messages

Messages

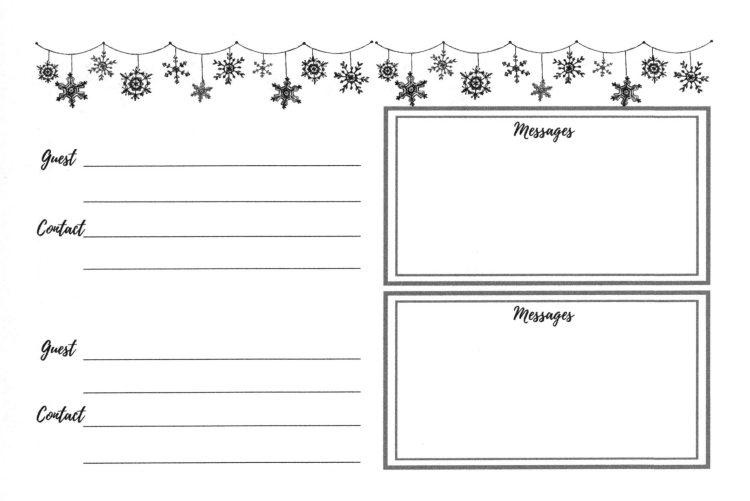

Guest _____

_____

Contact _____

_____

Guest _____

_____

Contact _____

_____

Messages

Messages

Guest _____

_____

Contact _____

_____

Guest _____

_____

Contact _____

_____

Messages

Messages

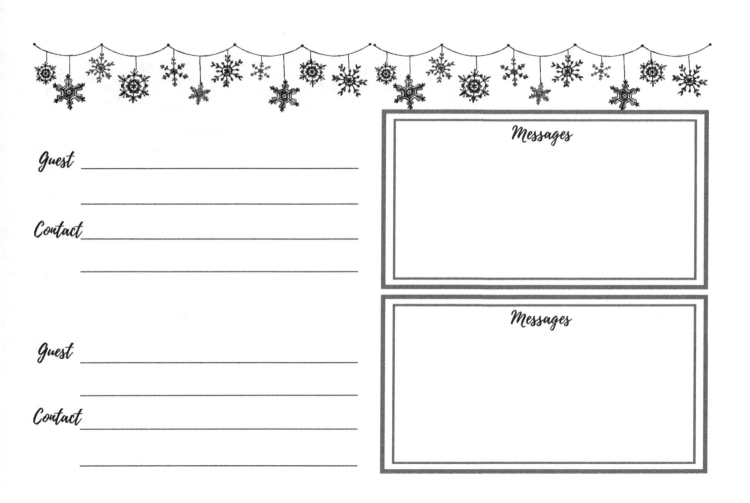

Guest _____

_____

Contact _____

_____

Guest _____

_____

Contact _____

_____

Messages

Messages

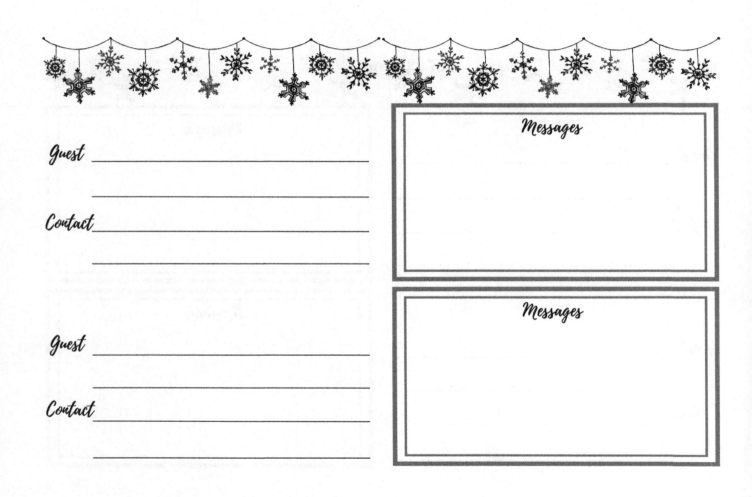

Guest _____

_____

Contact _____

_____

Guest _____

_____

Contact _____

_____

Messages

Messages

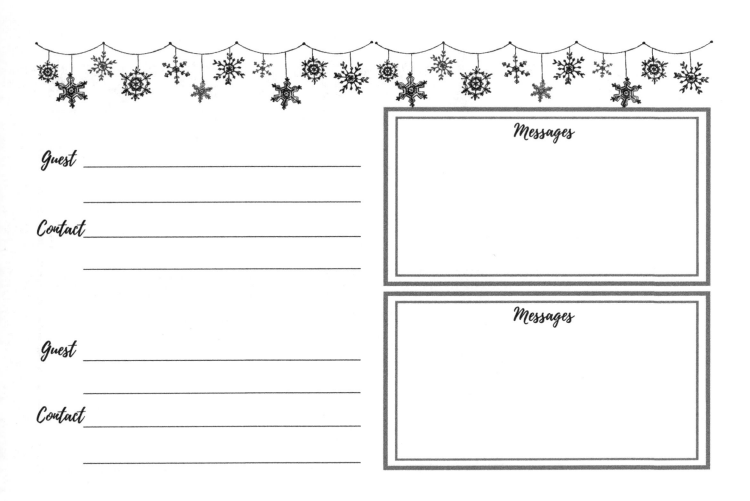

Guest _____

_____

Contact _____

_____

Guest _____

_____

Contact _____

_____

Messages

Messages

Guest _____

_____

Contact _____

_____

Guest _____

_____

Contact _____

_____

Messages

Messages

Guest _____

_____

Contact_____

_____

Guest _____

_____

Contact_____

_____

Messages

Messages

Guest _____

_____

Contact _____

_____

Guest _____

_____

Contact _____

_____

Messages

Messages

Guest _____

_____

Contact _____

_____

Messages

Guest _____

_____

Contact _____

_____

Messages

Guest _____

_____

Contact _____

_____

Messages

Guest _____

_____

Contact _____

_____

Messages

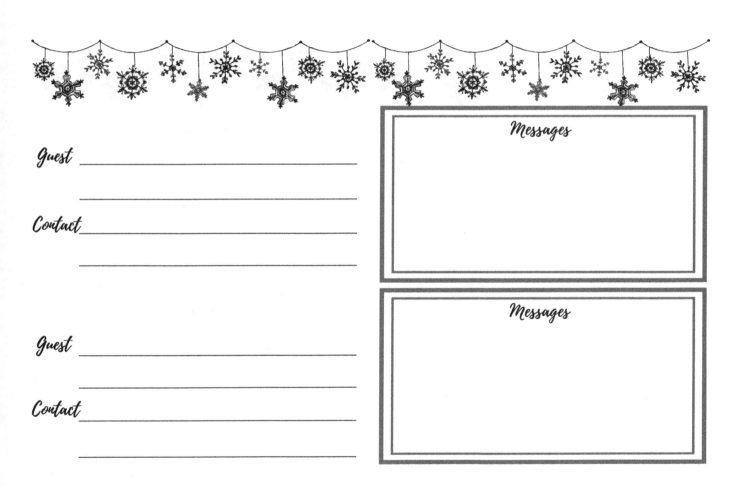

Guest _____

_____

Contact _____

_____

Guest _____

_____

Contact _____

_____

Messages

Messages

Guest _____

_____

Contact _____

_____

Guest _____

_____

Contact _____

_____

Messages

Messages

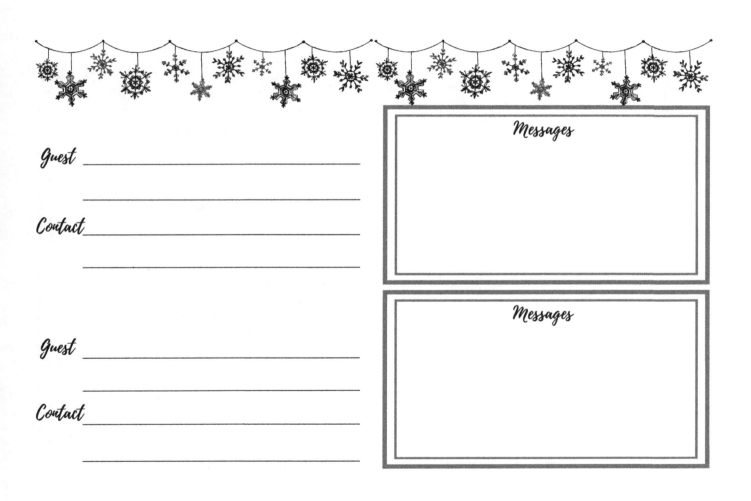

Guest _____

_____

Contact _____

_____

Guest _____

_____

Contact _____

_____

Messages

Messages

Guest _____

_____

Contact _____

_____

Guest _____

_____

Contact _____

_____

Messages

Messages

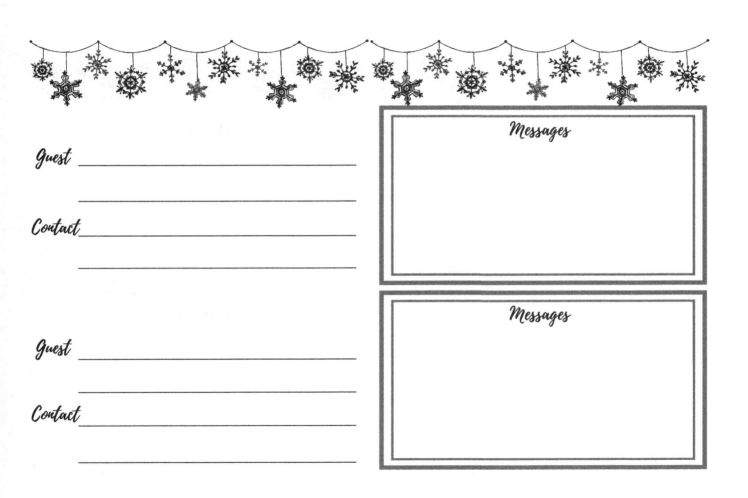

Guest _____

_____

Contact _____

_____

Guest _____

_____

Contact _____

_____

Messages

Messages

Guest _____

_____

Contact_____

_____

Messages

Guest _____

_____

Contact_____

_____

Messages

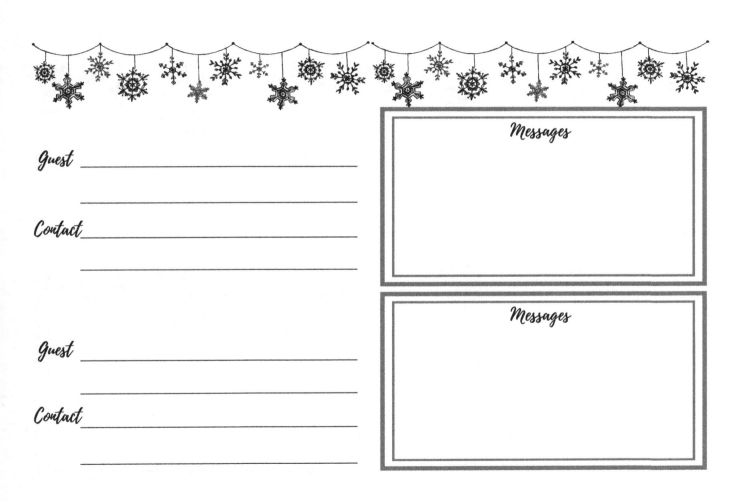

Guest _____

_____

Contact_____

_____

Guest _____

_____

Contact_____

_____

Messages

Messages

Guest _____

_____

Contact_____

_____

Guest _____

_____

Contact_____

_____

Messages

Messages

Guest _____

_____

Contact_____

_____

Guest _____

_____

Contact_____

_____

Messages

Messages

Guest _____

_____

Contact_____

_____

Guest _____

_____

Contact_____

_____

Messages

Messages

Guest _____

_____

Contact _____

_____

Guest _____

_____

Contact _____

_____

Messages

Messages

Guest _____

_____

Contact _____

_____

Guest _____

_____

Contact _____

_____

Messages

Messages

Guest _____

_____

Contact _____

_____

Guest _____

_____

Contact _____

_____

Messages

Messages

Guest _____

_____

Contact_____

_____

Guest _____

_____

Contact_____

_____

Messages

Messages

Guest _____

_____

Contact _____

_____

Guest _____

_____

Contact _____

_____

Messages

Messages

Guest _____

_____

Contact _____

_____

Messages

Guest _____

_____

Contact _____

_____

Messages

Guest _____

_____

Contact _____

_____

Guest _____

_____

Contact _____

_____

Messages

Messages

Guest _____

_____

Contact_____

_____

Messages

Guest _____

_____

Contact_____

_____

Messages

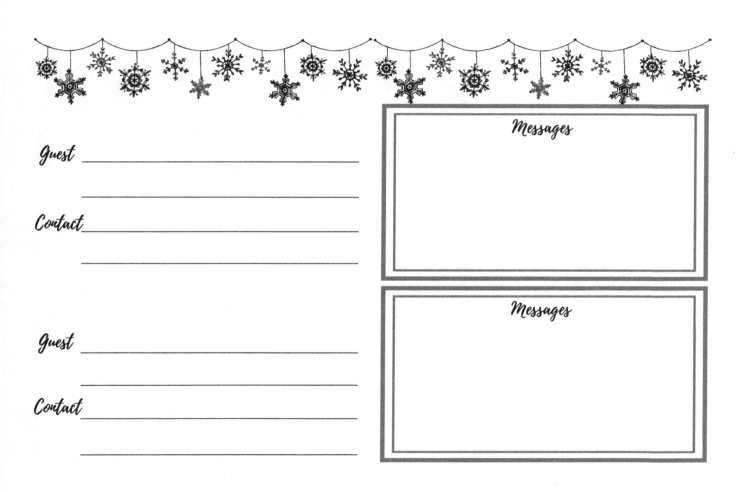

Guest _____

_____

Contact _____

_____

Guest _____

_____

Contact _____

_____

Messages

Messages

Guest _____

_____

Contact _____

_____

Guest _____

_____

Contact _____

_____

Messages

Messages

Guest _____

_____

Contact _____

_____

Guest _____

_____

Contact _____

_____

Messages

Messages

Made in the USA
Las Vegas, NV
04 December 2024